ZAUBERHAFTE GARTENTRÄUME

MARICA ZOTTINO

h.f.ullmann

Originaltitel: Oiseaux de paradis, Jardins des délices & Arbres de vie
Illustrationen von Marica Zottino

Gesamtherstellung: Ullmann Medien GmbH, Potsdam

ISBN 978-3-7415-2074-7

Einleitung

Nutzen Sie die Vorlagen in diesem Buch, um wunderschöne, ganz persönliche Kunstwerke zu kreieren.
Bevor Sie zu Ihren Farbstiften greifen, überlegen Sie sich in Ruhe, was für Farben Sie verwenden möchten. Soll es ein knalliges, kontrastreiches Bild werden oder in sanften Pastelltönen gehalten sein? Kräftigere Farben wirken nach mehrmaligem Auftrag oft satter und leuchtender, durch die zusätzlichen Schichten wird die Farbintensität gesteigert. Buntstifte sind weniger farbintensiv als Wasserfarben und Lacke, so dass ein mehrmaliger Auftrag die Leuchtkraft stark erhöht. Bedenken Sie: auch Schwarztöne sind entweder warm oder kalt. Dieser Effekt kann durch das Hinzufügen einer zusätzlichen Schicht dunkelbrauner oder dunkelblauer Farbe erreicht werden. Bei blauen und roten Flächen kann hinzugefügtes Violett mehr Ausdruckskraft verleihen. Die letzte Farbschicht kann auch nur ganz leicht aufgetragen werden, so dass sich lediglich die Farbschattierung verändert.
Versuchen Sie einmal, die Strichrichtung zu variieren und zu kombinieren – so entsteht eine interessantere Struktur, die das Kunstwerk zusätzlich veredelt und belebt.

Viel Spaß beim Ausmalen!

für: ....

von: ....

für: ....

von: ....

für: ....

von: ....

für: ....

von: ....

für: ....

von: ....

für: ....

von: ....

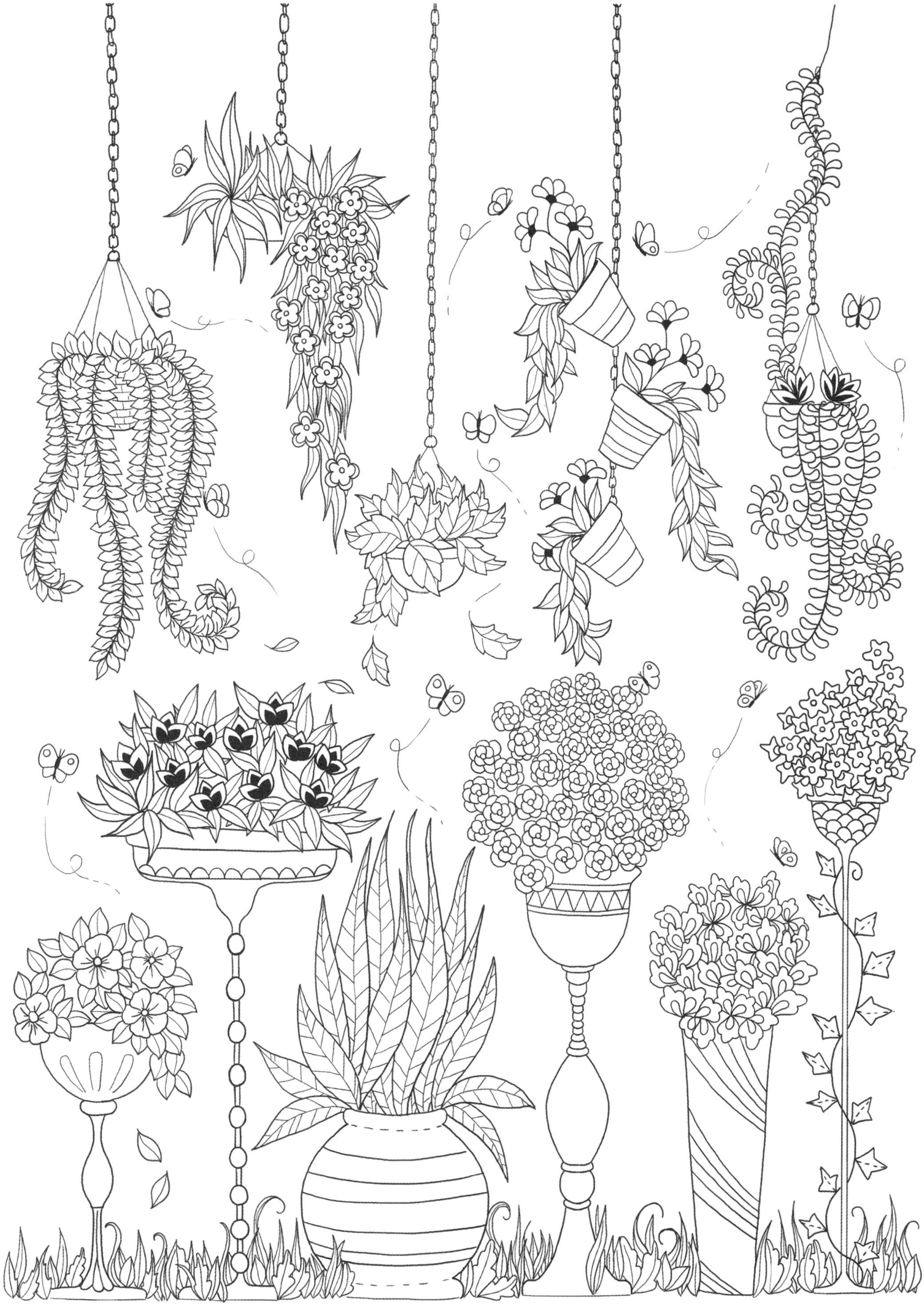

für: ....

von: ....

für: ....

von: ....

für: ....

von: ....

für: ....

von: ....

für: ....

von: ....

für: ....

von: ....

für: ....

von: ....

für: ....

von: ....

für: ....

von: ....

für: ....

von: ....

für: ....

von: ....

für: ....

von: ....

für: ....

von: ....

für: ....

von: ....

für: ....

von: ....

für: ....

von: ....

für: ....

von: ....

für: ....

von: ....

für: ....

von: ....

für: ....

von: ....

für: ....

von: ....

für: ....

von: ....

für: ....

von: ....

für: ....

von: ....

für: ....

von: ....

für: ....

von: ....

für: ....

von: ....

für: ....

von: ....

für: ....

von: ....

für: ....

von: ....

für: ....

von: ....

für: ....

von: ....

für: ....

von: ....

für: ....

von: ....

für: ....

von: ....

für: ....

von: ....

für: ....

von: ....

für: ....

von: ....

für: ....

von: ....

für: ....

von: ....

für: ....

von: ....

für: ....

von: ....

für: ....

von: ....

für: ....

von: ....

für: ....

von: ....

für: ....

von: ....

für: ....

von: ....

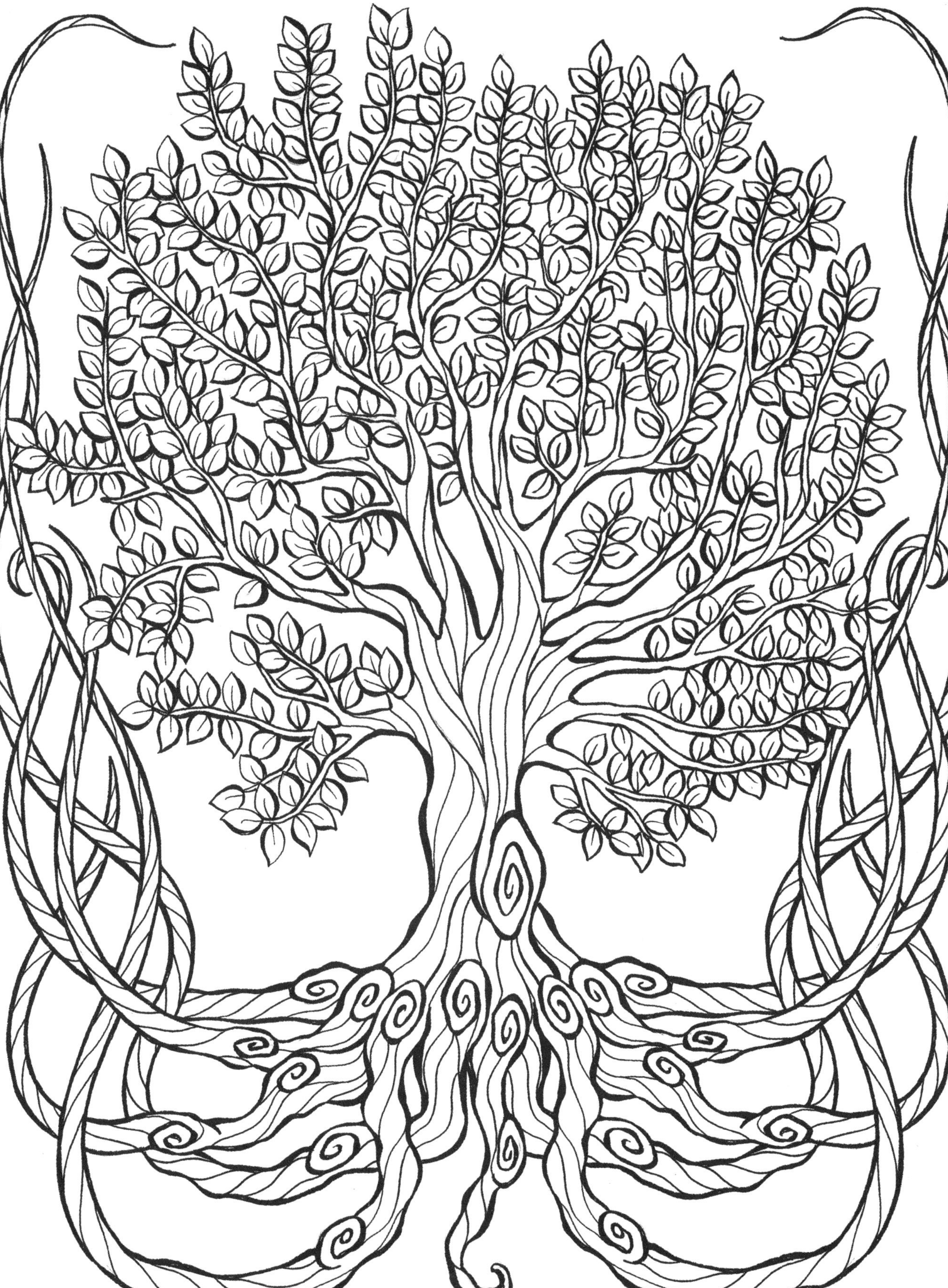

für: ....

von: ....

für: ....

von: ....

für: ....

von: ....

für: ....

von: ....

für: ....

von: ....

für: ....

von: ....

für: ....

von: ....

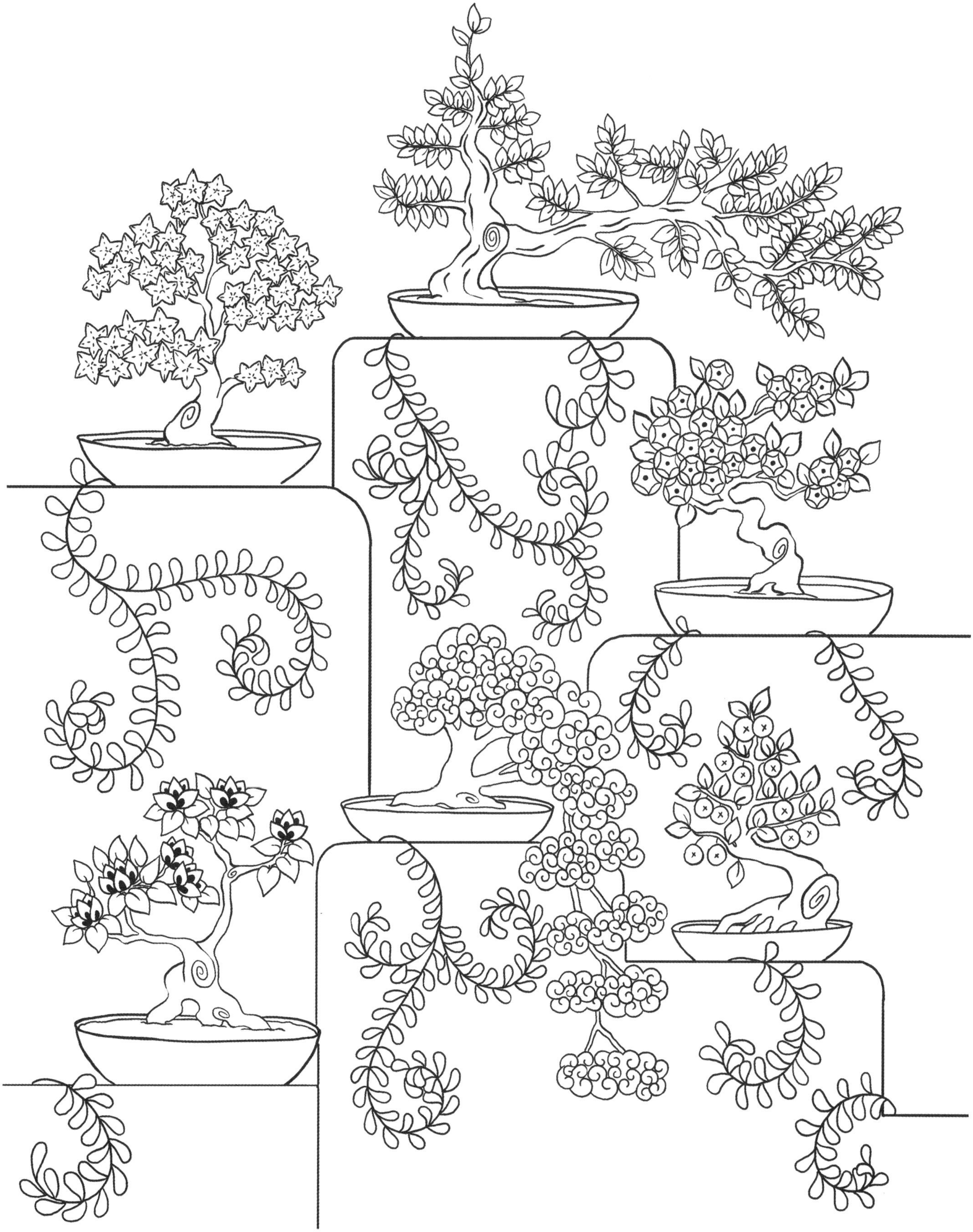

für: ....

von: ....